어린이 삼국유사 편찬위원회 글 | 한창수 그림
한국역사연구회 추천 및 감수

주니어김영사

머리말

《어린이 삼국유사》를 읽는 어린이들에게

자랑스러운 민족 문화를 깨닫는 첫걸음

　우리가 조상들의 삶을 알 수 있는 것은 우리에게 남아 있는 유물과 유적을 보고서 가능하지요. 그 중에서도 글로 남아 있는 책은 정말 소중한 역사 유물입니다.

　우리나라 역사에 관심을 갖게 되면, 조상들이 훌륭한 민족 문화를 지켜 온 것에 대해 저절로 자랑스러운 마음이 생기고 뿌듯해진답니다. 만일 조상이 잘못한 점을 발견하게 되더라도, 우리는 다시 그런 잘못을 되풀이하지 않도록 조심하면 됩니다.

　이러한 점에서 이번에 새롭게 엮은 《어린이 삼국유사》는 어린이들이 우리 역사에 관심을 가질 수 있도록 알기 쉽게 꾸몄어요. 《어린이 삼국유사》는 고구려, 백제, 신라 때에 일어났던 일을 중심으로 엮은 거예요.

　《어린이 삼국유사》를 통해서 삼국 시대 사람들이 어떻게 살았고, 무슨 생각을 했는가를 알게 될 거예요. 그것이 바로 우리의 자랑스러운 민족 문화를 깨닫는 첫걸음입니다. 아울러 우리의 역사를 이해하면서 우리의 마음과 눈은 좀 더 넓어지고 깊어질 겁니다.

어린이 삼국유사 편찬위원회

인물의 삶으로 읽는 역사의 큰 흐름

우리는 현재를 살고 있으며, 마땅히 현재에 충실한 삶을 가꿔야 합니다. 그런데 현재는 홀로 존재하는 것이 아니라, 과거와 떼려야 뗄 수 없는 밀접한 관계입니다. 따라서 과거, 즉 역사를 알아야 비로소 현재를 온전하게 살아갈 수 있어요. 그런데 역사를 따분하고 어렵게 생각하는 어린이들이 많아서 우리나라 역사에 대해 제대로 알지 못하는 어린이들이 많아요.

이번에 주니어김영사에서 출간한 '처음 읽는 우리 역사' 시리즈는 주요 역사서를 기본 토대로 인물 중심으로 역사를 구성했어요. 인물을 중심으로 한 구성은 인물의 삶에 동화되어 역사의 흐름을 실감나게 느끼도록 해 주지요. 게다가 인물의 삶에 드러난 역사의 흐름을 조목조목 짚어 주어, 어린이들도 쉽게 역사적인 사실을 알 수 있습니다.

어린이들이 이 시리즈를 통해 역사에 더욱 가까이 다가가고, 그로 인해 모든 사람들의 노력이 결실을 맺으리라 믿습니다.

한국역사연구회

 어린이 삼국유사 2

비밀을 갖고 있는 왕들

- 삼국유사에 대하여 8

죽어서도 나라를 지킨 미추왕
- 적을 물리친 죽엽군 10
- 나와 함께 나라를 지켜 주시오 15

아우들을 잊지 못한 눌지왕
- 볼모로 붙잡혀 간 미사흔과 복호 20
- 신라의 충신 박제상 26
- 복호를 데려온 박제상 29
- 왜로 떠나다 32
- 나는 신라의 신하요 36

원화와 화랑을 만든 진흥왕
- 인재를 기르는 무리, 원화 40
- 신라의 기둥, 화랑 43

마장수에서 왕이 된 무왕
- 서동이 퍼뜨린 노래 46
- 서동과 선화 공주의 만남 51
- 왕이 된 서동 54

지혜로운 **선덕 여왕**
향기 없는 꽃 _58_
한겨울에 우는 개구리 _61_
죽는 날을 알다 _66_

백제의 마지막 왕이 된 **의자왕**
방탕한 생활에 빠지다 _68_
나라 안에 나타나는 불길한 징조 _70_
나당 연합군이 쳐들어오다 _74_
비참한 최후 _82_

만파식적을 만든 **신문왕**
작은 산이 떠내려오다 _86_
문무왕이 주는 선물 _90_
용이 나타나다 _92_

장보고를 죽게 한 **신무왕**
신무왕을 도와 준 장보고 _100_
억울하게 죽은 장보고 _105_

당나귀 귀를 가진 **경문왕**
첫째 공주와 결혼한 응렴 _110_
우리 임금님 귀는 당나귀 귀 _116_

하나, 《삼국유사》는 어떻게 만들어졌나요?
둘, 《삼국유사》의 구성은 어떻게 되어 있나요?
셋, 《삼국유사》는 《삼국사기》와 어떻게 다른가요?
넷, 《삼국유사》를 쓴 일연은 누구일까요?
다섯, 《삼국유사》를 통해 우리는 무엇을 알 수 있나요?

둘, 《삼국유사》의 구성은 어떻게 되어 있나요?

《삼국유사》는 단군 신화를 비롯하여 고대의 신화, 전설, 민속, 옛날 말, 성씨, 지명의 기원, 신앙 등 다양한 내용을 담고 있어서 우리나라 고대사를 연구하는 데 중요한 자료를 제공해 줘요.

《삼국유사》는 모두 5권인데, 내용상으로 크게 분류하면 역사 사실을 주로 다룬 1, 2권과 불교 사실을 주로 다룬 3, 4, 5권으로 나눌 수 있어요. 그리고 5권은 다시 '왕력', '기이', '흥법', '탑상', '의해', '신주', '감통', '피은', '효선'의 9편으로 나누어져 있어요.

제1권은 '왕력'편과 '기이(1)'편으로 이루어져 있어요. '왕력'편은 신라, 고구려, 백제, 가락국, 후고구려, 후백제 등의 연표로, 역대 왕과 관련한 중요한 일들도 간략하게 기록했지요. '기이'편은 제1권과 제2권에 나누어 실려 있어요. '기이(1)'편은 고조선, 삼한, 부여, 고구려, 문무왕 이전의 신라와 관련한 역사와 기이한 이야기들을 기록했어요.

제2권은 '기이(2)'편으로 문무왕 이후의 신라와 백제, 후백제 등의 역사를 기록했어요. 특히 기이편은 한 왕과 그 왕과 관련한 특징적인 사건을 묶어서 썼어요. 미추왕과 죽엽군, 내물왕과 박제상을 같이 묶어서 이야기하여 흐름을 알기 쉽게 했고, 지은이의 생각을 분명하게 드러냈어요.

　제3권은 '흥법'편과 '탑상'편이 실려 있어요. '흥법'편에는 불교를 전해 준 여러 스님들의 사적을 기록했고, '탑상'편에는 사찰의 탑이나 불상, 건물 등에 얽힌 이야기를 기록했어요.

　제4권은 '의해'편이 실려 있어요. '의해'편은 원광·자장·원효 같은 뛰어난 스님들의 학업과 공적을 기록했어요.

　제5권은 '신주'편, '감통'편, '피은'편, '효선'편이 실려 있어요. '신주'편은 스님들이 일으킨 신기한 일들을 기록했고, '감통'편은 스님들과 신도들이 도를 닦는 모습과 덕행을 기록했지요. '피은'편은 속세를 떠나 숨어 살며 도를 닦는 스님들과 신도들의 생활 및 사상을 기록했고, '효선'편은 부모에 대한 효도와 불교의 가르침에 따라 선행을 베푼 이야기들을 기록했어요.

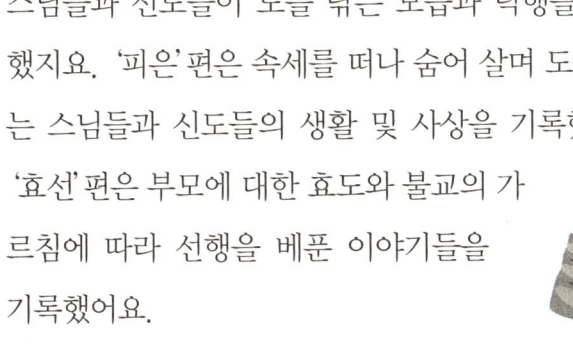

죽어서도 나라를 지킨
미추왕

죽엽군을 찾으러 갔던 신라 군사들은 다 같이 미추왕의 능에 꿇어 엎드려 큰절을 올렸습니다. 그러한 일이 있은 뒤부터 미추왕의 능을 '죽현릉'이라고 부르게 되었습니다. 죽현릉은 '대나무가 나타난 묘'라는 뜻입니다.

※ 적을 물리친 죽엽군

신라 제13대 왕인 미추왕이 세상을 떠나자, 그 뒤를 이어 유례왕이 왕이 되었습니다.

그 때 이웃에 '이서국'이라는 조그만 나라가 있었습니다. 이서국은 지금의 경상북도 청도군 부근에 있었던 나라입니다.

어느 날 이서국 군사들이 신라의 금성에 쳐들어왔습니다.

신라에서는 군사를 모아 막았으나, 이서국 군사들과 오랫동안 겨룰 수가 없었습니다. 이서국 군대가 강했기 때문입니다.

신라의 장수들은 뒤로 물러나 의논을 했습니다.

"그만 항복하고 성을 내주는 수밖에 없겠소."

"안 될 말이오. 마지막 한 사람까지 적과 싸워야 합니다."

그 때 어디서 나타났는지 이상한 군사들이 몰려와서 신라 군사들을 돕기 시작했습니다.

"도대체 당신들은 어디서 왔습니까? 어느 나라 군사들이기에 우리를 돕는 겁니까?"

신라 군사들이 물었으나, 그 사람들은 아무런 대답도 없이 계속 신라의 편에서 적과 싸웠습니다.

이상한 군사들은 모두 한결같이 귀에 대나무 잎을 하나씩 꽂고 있었습니다. 그래서 신라 군사들은 그 군사들을 '죽엽군'이라고 불렀습니다.

마침내 죽엽군에 밀려 이서국 군사들이 물러갔습니다. 그러자 죽엽군은 온데간데없이 사라져 버렸습니다. 처음에 나타날 때와 같았습니다.

신라 군사들은 사방으로 흩어져서 죽엽군을 찾았습니다. 하

지만 죽엽군은 흔적도 없었습니다.

신라 군사들은 죽엽군을 찾아 흥륜사 동쪽에 있는 미추왕의 능에 이르렀습니다.

한 군사가 소리쳤습니다.

"여기 좀 봐. 능 앞에 대나무 잎이 수북하게 쌓여 있어."

"이건 죽엽군이 귀에 꽂고 있던 바로 그 대나무 잎이야."

"아하, 이제야 그 군사들이 어디서 온 것인지 알겠다. 미추왕께서 우리를 도우려고 보내 주신 저승의 군사들임에 틀림없어!"

"돌아가셔서도 우리를 도우시다니! 정말 훌륭하신 임금님이시지!"

죽엽군을 찾으러 갔던 신라 군사들은 다 같이 미추왕의 능에 꿇어 엎드려 큰절을 올렸습니다.

그러한 일이 있은 뒤부터 미추왕의 능을 '죽현릉'이라고 부르게 되었습니다. 죽현릉은 '대나무가 나타난 묘'라는 뜻입니다.

그 뒤 신라는 오랜 세월을 평화롭게 지낼 수 있었습니다.

❋ 나와 함께 나라를 지켜 주시오

세월이 흘러 제36대 왕인 혜공왕 14년(779)이 되었습니다.

4월 어느 날 장군 김유신의 능에서 갑자기 회오리바람이 일었습니다. 그러더니 말을 탄 김유신이 홀연히 나타났습니다. 김유신의 뒤로는 갑옷을 입고 무기를 든 군사 40여 명이 따르고 있었습니다.

김유신과 군사들은 눈 깜짝할 사이에 미추왕의 능인 죽현릉으로 빨려들 듯이 들어갔습니다.

잠시 뒤, 죽현릉에서 이상한 소리가 들려오기 시작했습니다. 땅이 울리는 소리도 났고, 사람이 우는 소리도 났으며, 무엇을 호소하는 듯한 말소리도 들려왔습니다.

사람들이 가만히 귀를 기울여 들어 보니 김유신의 말소리였습니다.

"임금님, 저는 평생을 전쟁터에서 살며 어지러운 나라를 위해 싸웠습니다. 또 삼국을 통일하는 큰 공을 세웠습니다. 그리고 죽어서도 저의 혼은 밤낮없이 나라에 닥칠 재앙을 물리치

려 애썼습니다. 뿐만 아니라 이 나라에 다시는 전쟁이 일어나지 않도록 정성껏 빌어 왔습니다. 그런데 이게 어찌 된 일입니까? 지금부터 8년 전에 아무런 죄도 없는 저의 자손이 억울하게 죽음을 당했습니다. 제 자손에게 억울한 누명을 씌워 죽인 것은, 제가 나라에 세운 공로를 알아 주지 않기 때문에 생긴 일이 아니겠습니까? 저는 이제 먼 곳으로 옮겨 가서 다시는 이 나라를 위해 애쓰지 않겠습니다. 임금님, 제가 떠날 수 있도록 허락해 주십시오."

김유신의 말이 끝나자 이어서 미추왕의 목소리가 들려왔습니다.

"나와 장군이 이 나라를 지키지 않는다면 저 많은 백성들은 어찌 되겠소? 그러니 제발 노여움을 풀고 전처럼 나와 함께 나라를 위해 힘써 주시오."

김유신은 미추왕이 부탁하는데도 뜻을 굽히지 않았습니다.

"아닙니다. 임금님, 제발 부탁이니 제가 떠나는 것을 허락해 주십시오."

"허락할 수 없소. 나와 함께 나라를 위해 계속 힘써 주시오."

"임금님, 제발 허락해 주십시오."

"어허, 이제 그만 노여움을 풀고 진정하시오. 그리고 이 나라를 떠날 생각은 절대 하지 마시오."

김유신은 미추왕에게 세 번이나 간청했으나 그 때마다 모두 거절당하고 말았습니다.

죽현릉은 다시 조용해졌습니다.

잠시 뒤, 다시 회오리바람이 크게 일어나면서 김유신과 그 뒤를 따르는 군사들이 김유신의 능 속으로 사라졌습니다.

이러한 소문은 순식간에 온 나라에 퍼졌습니다. 물론 혜공왕의 귀에도 들어갔습니다.

'김유신 장군이 크게 노하셨으니, 이 일을 어쩌면 좋단 말인가?'

혜공왕은 자신의 잘못을 뉘우치는 한편, 두려움 때문에 잠시도 마음 편할 날이 없었습니다.

혜공왕은 여러 가지로 궁리를 한 끝에 대신으로 있던 김경

신을 김유신의 능에 보내어 정중하게 제사를 올리며 나라의 잘못을 사과했습니다.

또 취선사에 기름진 논 서른 마지기를 주며 명령을 내렸습니다.

"취선사는 김유신 장군이 고구려를 쳐서 평정한 뒤에 그것을 기념하고 부처님께 감사하기 위해 지은 절이다. 그러니 앞으로는 해마다 이 절에서 김유신 장군의 제사를 정성껏 올리도록 하여라."

미추왕의 혼이 아니었더라면 크게 노한 김유신의 혼을 달랠 수가 없었을 것입니다. 이러한 생각에 백성들은 미추왕의 제사를 더욱더 성대하고 정성스럽게 지냈습니다.

아우들을 잊지 못한
눌지왕

미사흔이 왜에 간 지 36년, 복호가 고구려에 간 지도 8년이 지났습니다.
그 동안 눌지왕은 늘 아우들을 잊지 못하고 그리워해 왔습니다.
'아우들이 있는 땅에도 봄은 왔겠지.'
봄이 되니 눌지왕은 아우들이 더욱 보고 싶었습니다.

※ 볼모로 붙잡혀 간 미사흔과 복호

"묵은 가지에 꽃이 피고, 제비도 옛 집을 찾아오는데……."

봄이 찾아온 궁궐 뜰을 거닐던 눌지왕은 슬픔에 잠겨 혼잣말을 했습니다.

눌지왕은 아우들이 보고 싶었습니다. 눌지왕의 두 아우는 각각 왜와 고구려에 붙잡혀 있어서 신라에 오고 싶어도 못 오는 형편이었습니다.

"아우들은 언제나 돌아오려나……."

산과 들에 새싹이 돋고 뻐꾸기가 우는 봄이 되니, 눌지왕은 아우들이 더욱 그리웠습니다.

눌지왕의 아버지인 내물왕 때였습니다. 그 때 눌지왕은 아직 어렸습니다.

어느 날 왜에서 사신이 왔습니다.

"멀리서 오느라 고생이 많았소."

신라에서는 왜의 사신을 반가이 맞이했습니다. 왜의 사신은 내물왕에게 큰절을 했습니다.

"저희 임금님께서는 대왕께서 훌륭하시다는 말씀을 듣고, 두 나라가 서로 사이좋게 지내기를 바라십니다. 그래서 그 동안 백제가 저지른 죄를 대왕께 아뢰고, 저희 임금님의 뜻을 전하라고 하셨습니다."

왜의 사신은 거듭 머리를 조아렸습니다.

내물왕은 사신의 말을 듣고 고개를 끄덕였습니다.

"고맙소. 나도 두 나라가 잘 지내기를 바라오."

내물왕의 말에 왜의 사신은 기다렸다는 듯이 말했습니다.

"그러시다면 신라의 왕자님 한 분을 저희 임금님께 보내 주십시오."

"왕자를 왜에 보내라고?"

"그렇습니다. 저희가 신라를 찾아왔으니, 신라에서도 왕자님을 보내셔서 대왕님의 뜻을 전하는 것이 좋지 않겠습니까?"

"알겠소."

내물왕은 막내아들 미사흔을 왜로 보냈습니다. 그러나 왜는 미사흔을 돌려보내지 않았습니다.

왜는 신라를 두려워했습니다. 왜인들이 신라에 자주 숨어 들어와서 물건을 훔치고 사람들을 해치는 일이 많았기 때문입니다. 왜는 신라가 그런 잘못들을 따질까 봐 겁이 나서 미사흔을 잡아 둔 것입니다.

내물왕은 왜에 여러 차례 사신을 보내어 미사흔을 돌려보내 달라고 부탁했습니다. 하지만 왜는 미사흔을 돌려보내지 않았습니다.

여러 해가 지났습니다. 내물왕은 끝내 미사흔을 만나지 못하고 세상을 떠났습니다.

그 뒤 실성왕을 거쳐 미사흔의 형인 눌지왕이 왕의 자리에 올랐습니다.

눌지왕은 왜와 싸워서라도 동생을 데려오고 싶었습니다. 하지만 신하들은 눌지왕의 생각에 반대했습니다.

"그것은 아니 됩니다. 우리가 왜와 싸우면 그 틈을 타서 고구려가 쳐들어올지도 모릅니다."

"그럼, 미사흔은 어쩌란 말이오?"

신하들의 말에 눌지왕은 안타깝기만 했습니다.

그러던 중 눌지왕 3년(419)에 고구려의 장수왕이 사신을 보내 왔습니다.

"저희 임금님께서는 대왕의 아우이신 복호 왕자님께서 재주가 뛰어나다는 말씀을 들으시고, 가까이 지내고자 합니다."

고구려의 사신은 눌지왕의 아우 복호를 고구려로 보내 달라고 했습니다.

눌지왕은 뜻밖의 말에 당황했습니다.

왜에 가 있는 아우 미사흔을 잠시도 잊지 못하는 눌지왕으로서는 복호마저 고구려에 보낸다는 것은 생각도 못 할 일이었습니다.

"그것은 아니 되오. 복호를 보낼 수 없소."

눌지왕이 거절하자, 고구려의 사신은 허리를 굽실거리며 말했습니다.

"저희 임금님께서는 복호 왕자님의 훌륭한 지혜를 배우고자 할 뿐입니다. 또 신라와 친하게 지내려고 하십니다."

그 동안 고구려는 신라에 자주 쳐들어왔습니다. 눌지왕은 더 이상 고구려와 싸우고 싶지 않았습니다. 고구려의 장수왕이 신라와 친하게 지내려고 한다니 반가웠습니다.

"알겠소. 복호를 고구려에 보내도록 하겠소."

복호는 고구려의 사신을 따라갔습니다. 그러나 복호도 돌아오지 않았습니다. 고구려에서 복호를 돌려보내지 않았던 것입니다.

❀ 신라의 충신 박제상

 어느덧 미사흔이 왜에 간 지 36년, 복호가 고구려에 간 지도 8년이 지났습니다.

 그 동안 눌지왕은 늘 아우들을 잊지 못하고 그리워해 왔습니다.

 '아우들이 있는 땅에도 봄은 왔겠지.'

 봄이 되니 눌지왕은 아우들이 더욱 보고 싶었습니다.

 '이렇게 슬퍼하고만 있을 수는 없다. 두 아우를 구해 내야 한다.'

 눌지왕은 굳게 결심하고 신하들에게 말했습니다.

 "나라 안의 지혜로운 사람들을 모두 불러 모으시오."

 눌지왕의 명령에 신라 곳곳에서 지혜로운 선비와 용기 있는 젊은이들이 대궐로 모여들었습니다.

 대궐에서는 큰 잔치가 벌어졌습니다. 잔치가 무르익자, 눌지왕은 자리에서 일어났습니다.

 "모두들 내 말을 들으시오."

사람들은 모두 눌지왕을 쳐다보았습니다. 눌지왕의 뺨 위로 눈물이 흐르고 있었습니다.

"지난날 선친인 내물왕께서는 백성들이 편히 살기를 바라셨소. 그래서 아우 미사흔을 왜에 보냈는데, 그 아우를 다시 만나지 못하고 눈을 감으셨소."

눌지왕은 왜에 있는 미사흔을 생각하는지 잠시 말을 멈추고 동쪽 하늘을 바라보았습니다.

"내가 왕의 자리에 오른 뒤, 늘 우리를 괴롭혀 온 고구려가 사신을 보내 서로 친하게 지내자고 했소. 나는 그 말을 믿고 아우 복호마저 고구려로 보냈소. 그러나 복호도 돌아오지 않고 있소. 모든 것이 내 잘못이오."

눌지왕의 말에 사람들은 마음이 아팠습니다.

"나는 한순간도 아우들을 잊은 적이 없소. 이제라도 아우들을 신라로 데려와야겠소."

"저희들이 지혜를 모아 두 왕자님을 반드시 모셔 오도록 하겠습니다."

신하들이 입을 모아 말했습니다.

"쉬운 일이 아니오. 왜와 고구려는 힘이 강하오."

"저희들 중에 그 일을 할 수 있는 용기와 지혜를 갖춘 사람이 있습니다."

"그게 누구요? 어서 말해 보시오."

눌지왕이 물었습니다.

"삽라군 태수 박제상입니다."

"박제상은 참으로 지혜롭고 용기 있는 사람입니다."

눌지왕은 박제상을 불렀습니다.

"박제상은 이리 나오시오."

박제상은 눌지왕 앞으로 나아가 공손히 말했습니다.

"임금님의 걱정은 바로 저희들의 걱정입니다. 쉬운 일만 가려서 한다면 어찌 충성스럽다고 할 수 있겠습니까? 나라와 임금님을 위하여 목숨을 바칠 수 있어야 충성스러운 신하입니다. 제가 두 왕자님을 모셔 오도록 하겠습니다."

눌지왕은 박제상의 충성스러운 마음에 감동했습니다.

"장하오. 그대에게 이 일을 맡기겠소."

눌지왕은 박제상과 술잔을 나누며 격려했습니다.

복호를 데려온 박제상

박제상은 배를 타고 신라를 떠났습니다.

고구려에 도착한 박제상은 고구려 사람처럼 꾸미고 복호를 찾아갔습니다.

"복호 왕자님! 저는 신라에서 온 박제상입니다. 임금님께서 왕자님을 모셔 오라고 하셨습니다."

"그게 정말이오?"

복호는 반가움에 목이 메었습니다.

"5월 15일 밤에 고성 바닷가에서 기다리겠습니다."

"알겠소. 고구려 군사들에게 들키지 않도록 조심하시오."

약속한 날이 되자 복호는 몰래 대궐을 빠져 나왔습니다. 그러고는 말을 타고 박제상이 기다리고 있는 고성 바닷가로 달려갔습니다.

　얼마 뒤, 복호가 도망친 것을 알고, 고구려 군사들이 쫓아왔습니다. 고구려 군사들은 복호를 향해 활을 쏘았습니다. 화살이 복호의 몸에 맞았지만, 복호는 쓰러지지 않고 달렸습니다.

　복호는 평소에 고구려 사람들에게 은혜를 베풀었습니다. 고

구려 군사들은 복호의 어진 마음에 감동하여 화살촉을 빼고 화살을 쏘았던 것입니다.

드디어 복호는 박제상이 기다리고 있는 배에 탔습니다.

눌지왕은 복호가 돌아오자 몹시 기뻐했습니다. 하지만 잠시 뒤, 아직도 왜에 붙잡혀 있는 미사흔을 생각하며 눈시울을 붉

했습니다.

"이렇게 기쁜 날에 미사흔도 함께 있었으면 얼마나 좋겠소."

신하들이 눌지왕을 위로했습니다.

"그래도 복호 왕자님이 돌아오셨으니 얼마나 기쁘십니까?"

"그러나 이것은 마치 몸에 팔이 한쪽만 있고 얼굴에 눈이 하나뿐인 것과 같소. 하나만 있고 다른 한쪽이 없으니 어찌 슬프지 않겠소?"

박제상은 다시 눌지왕 앞으로 나아갔습니다.

"미사흔 왕자님도 제가 모셔 오겠습니다."

❈ 왜로 떠나다

박제상은 집에도 들르지 않고 다시 길을 떠났습니다. 율포에 도착한 박제상은 배를 타고 왜를 향해 출발했습니다.

이 소식을 들은 박제상의 아내는 잠깐이라도 남편을 보려고 곧바로 바닷가로 달려갔습니다. 그러나 박제상의 아내가 바닻가에 다다랐을 때, 남편을 실은 배는 이미 바다 위에 떠 있었습니다.

"여보!"

박제상의 아내는 안타깝게 남편을 불렀습니다. 그러나 박제상은 배 위에서 손만 흔들어 줄 뿐, 배를 멈추지 않고 떠나 버렸습니다.

며칠이 지난 뒤, 박제상은 왜에 무사히 도착했습니다. 그러나 곧 왜의 군사들에게 붙잡혔습니다.

박제상은 왜왕이 있는 대궐로 끌려갔습니다.

"너는 우리나라를 엿보러 온 신라의 첩자지?"

박제상은 거짓말을 했습니다.

"아닙니다. 저는 신라가 싫어서 도망쳐 온 사람입니다."

"신라가 싫다니, 그 까닭이 무엇이냐?"

"신라 임금은 죄 없는 우리 가족을 죽였습니다. 그래서 도망쳐 왔으니 여기서 살게 해 주십시오."

왜왕은 박제상의 말을 믿고 살 곳을 마련해 주었습니다.

박제상은 미사흔을 만나자 자신이 왜로 온 까닭을 말했습니다. 그 뒤 박제상은 미사흔과 함께 고기잡이도 하고 사냥도 다녔습니다. 그러면서 몰래 왜를 떠날 기회를 엿보았습니다.

새벽 안개가 자욱하게 낀 어느 날이었습니다. 박제상은 미사흔을 찾아갔습니다.

"오늘이 떠나기에 좋을 것 같습니다. 안개가 짙어서 남의 눈에 띄지 않겠습니다."

"좋소. 어서 함께 떠납시다."

박제상은 머리를 저었습니다.

"그건 안 됩니다. 만일 저와 함께 가면 왜인들이 금방 알아차리고 뒤따라올 것입니다. 저는 여기 남아서 왜인들이 뒤쫓는 것을 막겠습니다."

미사흔은 망설였습니다. 박제상을 두고 혼자 떠날 수는 없었습니다.

"지금 나는 그대를 아버지나 형과 같이 생각하고 있는데, 어찌 그대를 두고 혼자 떠나겠소."

"저는 왕자님께서 신라로 돌아가실 수만 있다면 죽어도 좋습니다. 빨리 떠나십시오."

박제상이 재촉하자 미사흔은 할 수 없이 혼자서 떠났습니다.

나는 신라의 신하요

미사흔이 신라로 떠난 뒤, 박제상은 미사흔의 방에 들어가 있었습니다.

드디어 날이 밝았습니다. 미사흔의 시중을 드는 사람들이 왔습니다.

"왕자님, 아침입니다. 일어나십시오."

박제상은 방으로 들어오려는 왜인들을 막았습니다.

"조용히 하시오. 왕자님께서는 어제 사냥으로 몹시 지쳐 아직 주무시고 계시오."

한낮이 되어도 미사흔이 방에서 나오지 않자, 이상하게 생각한 왜인들이 박제상에게 물었습니다.

"왕자님께서 아직까지 일어나지 않으시다니, 어찌 된 일이오?"

박제상은 태연하게 말했습니다.

"왕자님께서는 신라로 떠나신 지 이미 오래 되었소."

"뭐라고? 신라로 떠났다고 했소?"

왜인들은 깜짝 놀랐습니다.

이 소식을 들은 왜왕은 군사들을 바닷가로 보냈습니다.

"당장 미사흔 왕자를 잡아 오너라."

그러나 배는 이미 멀리 떠나서 보이지 않았습니다.

왜왕은 몹시 화가 나서 박제상을 잡아들였습니다.

"너는 어찌하여 미사흔 왕자를 신라로 보냈느냐?"

"나는 신라의 신하요. 신라 임금의 뜻을 받들었을 뿐이오."

"너는 이미 나의 신하가 되었거늘, 어찌 이제 와서 신라의 신하라 하느냐?"

"나는 언제나 신라의 신하일 뿐, 왜의 신하는 아니었소."

왜왕은 박제상의 충성스러운 마음에 감탄했습니다.

"네가 내 신하가 된다면, 큰 상을 주겠다."

왜왕은 박제상을 달래어 자신의 신하로 만들려 했습니다.

"차라리 신라의 개, 돼지가 될지언정 왜의 신하는 되지 않겠다."

박제상은 단호히 말했습니다. 그러자 왜왕은 더욱 화가 나서 박제상에게 큰 벌을 내렸습니다.

한편, 미사흔이 무사히 신라로 돌아오자 눌지왕은 몹시 기뻐했습니다.

"모두가 박제상의 덕택이오."

눌지왕은 박제상의 부인에게 국대부인의 지위를 내리고, 박제상의 딸을 미사흔의 아내로 삼았습니다.

하지만 박제상의 아내는 날마다 남편이 돌아오기를 기다리며 눈물을 흘렸습니다.

아무리 기다려도 박제상은 영영 돌아오지 않았습니다. 기다리다 지친 박제상의 아내는 그만 세상을 떠나고 말았습니다.

원화와 화랑을 만든
진흥왕

진흥왕은 온 나라 안에서 훌륭한 젊은이들을 가려 뽑아 '화랑'이라는 무리를 만들었습니다. 화랑 가운데 얼굴이 잘생기고 성품이 곧은 사람을 뽑아 최고의 화랑인 국선으로 받들게 했습니다. 이것이 바로 화랑 제도의 시초입니다.

❀ 인재를 기르는 무리, 원화

 진흥왕은 신라 제24대 왕으로, 540년에 왕의 자리에 올랐습니다.

 진흥왕은 큰아버지인 법흥왕의 뜻을 받들어 불교를 숭상하고 널리 절을 세웠습니다. 그리고 많은 사람들을 스님이 되도록 이끌었습니다.

 진흥왕은 인재를 기르기 위해 나라 곳곳에서 아름다운 처녀들을 가려 뽑아 '원화'라는 무리를 만들었습니다. 원화에게

효성과 충성, 신의 등을 가르쳐 나라를 다스리는 기본으로 삼으려 했습니다.

진흥왕은 원화의 무리 중에서 남모와 교정('준정'이라고도 함)을 우두머리로 뽑았습니다. 두 사람 밑에는 400여 명이나 되는 무리가 있었습니다.

원화는 충성과 효도를 배우며, 신의와 용기를 기르기 위해 늘 함께 어울려 몸과 마음을 닦았습니다.

그런데 시간이 흐르면서 교정이 남모를 질투하기 시작했습니다. 교정은 자기 혼자 우두머리 노릇을 하고 싶었습니다.

"남모만 없으면 나 혼자 우두머리가 될 텐데……."

어느 날 교정은 남모에게 술을 먹여 취하게 한 다음, 아무도 모르게 북천이라는 냇가로 데리고 갔습니다. 그러고는 남모를 큰 돌 밑에 묻어 버렸습니다.

"남모가 며칠째 보이지 않아요."

"맞아요. 갈 만한 곳은 다 찾아봤는데, 어디로 갔는지 도무지 모르겠어요."

"무슨 일이 생긴 게 분명해요."

남모를 따르던 무리들은 남모를 찾지 못하자 슬피 울면서 뿔뿔이 흩어졌습니다.

하지만 교정의 음모를 아는 사람이 있었습니다.

그 사람은 교정이 질투하여 남모를 죽였다는 노래를 지어 거리의 아이들에게 가르쳐 주었습니다.

아이들이 부르는 노래는 금세 온 성 안에 퍼졌습니다. 그 노래를 듣고 남모를 따르던 무리들은 북천 냇가에서 남모의 시체를 찾아 냈습니다. 그러고는 교정을 잡아 죽였습니다.

이런 끔찍한 사건이 일어나자 진흥왕은 원화를 없애 버리고 말았습니다.

신라의 기둥, 화랑

몇 해가 흘렀습니다.

진흥왕은 아무래도 나라를 흥하게 하려면 훌륭한 인재가 필

요하다고 생각했습니다.

'씩씩하고 용맹스러우며 부모에게 효도하고, 나라에 충성할 줄 아는 젊은이들이 많아야 해. 좋은 집안에서 자란 남자들 가운데 어질고 너그러운 젊은이들을 뽑아야겠어.'

진흥왕은 온 나라 안에서 훌륭한 젊은이들을 가려 뽑아 '화랑'이라는 무리를 만들었습니다.

화랑 가운데 얼굴이 잘생기고 성품이 곧은 사람을 뽑아 최고의 화랑인 국선으로 받들게 했습니다. 이것이 바로 화랑 제도의 시초입니다.

처음으로 국선에 뽑힌 사람은 설원랑이었습니다.

마 장수에서 왕이 된
무왕

어느 날 서동은 신라 진평왕의 셋째 딸 선화 공주가 매우 아름답고 마음씨도 비단같이 곱다는 소문을 들었습니다.
"나는 꼭 선화 공주님과 결혼할 거야."

❈ 서동이 퍼뜨린 노래

백제에 서동이라는 젊은이가 있었습니다.

서동은 집이 몹시 가난하여 마를 캐어 팔아서 어머니를 모셨습니다.

서동의 어머니는 옛날에 사비(지금의 충청남도 부여군) 남쪽의 연못가에 오두막을 짓고 혼자 살았습니다. 그러다가 그 연못에 사는 용과 결혼하여 서동을 낳았습니다.

서동은 마음씨가 넓고 매우 슬기로웠습니다.

어느 날 서동은 신라 진평왕의 셋째 딸 선화 공주가 매우 아름답고 마음씨도 비단같이 곱다는 소문을 들었습니다.

"나는 꼭 선화 공주님과 결혼할 거야."

서동은 소원을 이루기 위해 길을 떠났습니다.

서동은 머리를 깎고 신라 사람처럼 옷을 입었습니다. 그러고는 마를 한 자루 둘러메고 신라로 갔습니다.

신라에 도착한 서동은 장터로 가서 마를 팔았습니다.

"야! 마 장수다!"

아이들이 서동의 뒤를 졸졸 따라다녔습니다.

"얘들아, 이거 받아라."

서동은 아이들에게 마를 나누어 주었습니다.

"우아! 신난다."

"다음에 또 주세요."

아이들은 좋아서 떠들어 댔습니다.

서동은 아이들에게 마를 더 나누어 주며 말했습니다.

"얘들아, 내가 노래를 가르쳐 줄게."

"노래요? 예, 좋아요."
서동은 아이들에게 노래를 가르치기 시작했습니다.

선화 공주님은
밤이 되면 살짝 나와서
서동님을 몰래
안고 가지요.

아이들은 거리를 돌아다니며 서동에게 배운 노래를 불렀습니다. 아이들이 입을 모아 부르자, 노래는 금세 서라벌(지금의 경상북도 경주) 구석구석까지 퍼졌습니다.

마침내 궁궐에까지 이 노래가 알려졌습니다.

신하들은 이 노래를 듣고 깜짝 놀라서 진평왕에게 알렸습니다.

"공주님께서 서동을 만나신다는 노래가 나돌고 있습니다."

"무엇이? 그게 무슨 소리요?"

진평왕은 펄쩍 뛰었습니다.

"온 나라에 이 노래가 퍼져 모르는 사람이 없습니다."

"공주님을 먼 곳으로 귀양 보내셔서 백성들에게 본을 보여야 합니다."

신하들이 선화 공주를 벌해야 한다고 주장했습니다.

"선화 공주가 그럴 리 없소."

진평왕은 신하들의 말을 믿을 수가 없었습니다.

"선화 공주를 불러 오너라. 직접 확인해 봐야겠다."

진평왕 앞에 불려 온 선화 공주는 눈물을 흘리며 말했습니다.

"아바마마, 그건 사실이 아닙니다. 누군가 지어 낸 것입니다. 제발 저를 믿어 주십시오."

"나도 그렇게 생각한다."

진평왕은 선화 공주의 말을 믿었습니다. 하지만 신하들은 날마다 선화 공주를 귀양 보내야 한다고 말했습니다.

진평왕은 어쩔 수 없이 선화 공주를 궁궐에서 내 보내기로 결정했습니다.

"네가 억울하다는 건 알지만, 어쩔 수가 없구나."

왕비는 선화 공주에게 금 한 말을 주었습니다. 그러고는 눈물을 흘리면서 말했습니다.

"어딜 가더라도 잘 살아야 한다."

궁궐을 나온 선화 공주는 정처 없이 걸었습니다.

❋ 서동과 선화 공주의 만남

선화 공주가 궁궐을 나와 걷고 있는데, 한 젊은이가 나타났습니다. 젊은이는 선화 공주에게 절을 하면서 물었습니다.

"제가 모시고 가도 괜찮겠습니까?"

"나쁜 사람 같지는 않군요. 저도 혼자서 길을 가는 건 무서 우니 함께 가도록 하지요."

두 사람은 길동무가 되었습니다.

젊은이는 선화 공주를 잘 돌보아 주었습니다. 선화 공주는 그 젊은이가 점점 좋아졌습니다. 두 사람은 마침내 정이 깊이 들었습니다.

그제야 젊은이는 자기의 진짜 이름을 말했습니다.

"내 이름이 서동이오."

선화 공주는 너무 놀랐습니다.

"서동이라면, 그 노래에 나오는……."

서동은 선화 공주에게 자기가 노래를 지어 퍼뜨렸다고 고백했습니다.

"공주님, 부디 용서해 주세요. 꼭 공주님과 결혼해 함께 지내고 싶었습니다."

서동은 간절히 용서를 빌었습니다.

"이게 다 하늘의 뜻인가 봅니다."

선화 공주는 서동을 너그러이 용서했습니다.

 왕이 된 서동

서동은 선화 공주를 데리고 백제로 돌아갔습니다.

"이것으로 집과 땅을 사세요."

선화 공주는 금이 든 보자기를 내놓았습니다.

"이것이 무엇입니까?"

"금입니다. 궁궐을 떠나올 때 어머니께서 주신 것입니다. 이 정도면 앞으로 큰 어려움 없이 지낼 수가 있어요."

"이 금이 그렇게 값진 물건입니까? 나는 여태껏 알지 못했습니다."

서동은 잠시 생각에 잠겼다가 입을 열었습니다.

"내가 마를 캐던 산에는 이런 것이 얼마든지 있습니다."

선화 공주는 서동의 말을 듣고 기뻐했습니다.

"금은 아주 귀한 보물입니다. 어서 그 곳으로 가 보아요."

서동과 선화 공주는 서둘러 금이 있는 산으로 갔습니다.

두 사람은 부지런히 금을 모았습니다. 잠시 뒤, 금이 산처럼 많이 쌓였습니다.

"제 부모님께도 금을 보내 드리면 좋아하실 거예요."

선화 공주가 서동에게 말했습니다.

"그러지요."

"하지만 금을 어떻게 신라로 보내지요?"

선화 공주가 걱정하자 서동이 말했습니다.

"걱정 마세요. 사자사에 계시는 지명 법사께 도움을 청하면 될 거예요."

서동과 선화 공주는 용화산에 있는 '사자사'라는 절을 찾아 갔습니다.

"황금을 신라의 대궐로 보내고 싶습니다. 방법을 알려 주십시오."

선화 공주가 지명 법사에게 부탁했습니다.

"내가 신통력으로 옮겨 주겠소. 그러니 금을 이 곳으로 가져오시오."

지명 법사가 말했습니다.

선화 공주는 서동과 만난 일을 편지에 자세히 적어 금과 함께 사자사에 가져다 놓았습니다.

지명 법사는 금과 선화 공주의 편지를 신라의 대궐로 옮겨 주었습니다.

"서동은 훌륭한 내 사위다."

선화 공주의 편지를 읽고 난 진평왕은 서동을 칭찬했습니다. 왕비도 서동의 깊은 생각을 이해했습니다.

서동은 금을 더 많이 캐내어 가난한 이웃에게도 나누어 주었습니다.

서동이 백제 사람들을 골고루 도와 주자, 온 백성들이 서동을 좋아하게 되었습니다.

서동은 훗날 백제의 왕이 되었습니다. 백제 제30대 무왕이 바로 서동입니다.

지혜로운
선덕 여왕

"향기가 없는 꽃이란 것을 어떻게 아셨습니까?"
"꽃에 향기가 있으면 나비가 날아드는 법이오. 그런데 그 그림에는 나비라곤 한 마리도 없었소."
신하들은 선덕 여왕의 지혜로움에 감탄했습니다.

❋ 향기 없는 꽃

신라 제27대 왕인 선덕 여왕은 매우 지혜로워서 여러 가지 일을 미리 알았습니다.

어느 날 중국 당나라에서 모란꽃을 그린 그림과 씨앗을 선물로 보내 왔습니다.

신하들이 그림을 보며 감탄했습니다.

"아름다운 꽃입니다. 붉은빛, 흰빛, 자줏빛 모란이 정말 잘 어울립니다."

선덕 여왕은 말없이 그림을 들여다보다가 말했습니다.

"이 꽃이 아름답기는 하오. 그러나 향기가 없을 것이오."

신하들은 고개를 갸웃거렸습니다. 선덕 여왕의 말이 이해가 되지 않았습니다.

"그림만 보고 꽃에 향기가 없다는 것을 어떻게 아십니까?"

"향기도 그림으로 그릴 수 있습니까?"

신하들은 선덕 여왕에게 물었습니다.

"꽃이 피거든 직접 향기를 맡아 보시오."

선덕 여왕은 살며시 미소를 지었습니다.

신하들은 선덕 여왕의 명령에 따라 대궐 뜰에 꽃씨를 심었습니다.

얼마 뒤, 싹이 터서 자라고, 마침내 꽃이 피었습니다. 꽃송이가 여간 탐스럽지 않았습니다.

꽃이 피자 신하들은 향기를 맡아 보았습니다.

"정말 향기가 없어!"

"이렇게 보기 좋은 꽃에 향기가 없을 줄이야······."

신하들은 선덕 여왕에게 달려갔습니다.

"향기가 없는 꽃이란 것을 어떻게 아셨습니까?"

선덕 여왕이 조용히 말했습니다.

"꽃에 향기가 있으면 나비가 날아드는 법이오. 그런데 그 그림에는 나비라곤 한 마리도 없었소."

신하들은 선덕 여왕의 지혜로움에 감탄했습니다.

✵ 한겨울에 우는 개구리

신라의 서울에 '영묘사'라는 절이 있었습니다.

어느 날 영묘사에 있는 '옥문지'라는 연못에서 괴상한 일이 일어났습니다. 한겨울에 개구리들이 모여서 울어 대기 시작했습니다.

개구리들이 사나흘이나 그치지 않고 울어 대자 백성들은 걱정을 했습니다.

신하들은 이 괴상한 일을 선덕 여왕에게 보고했습니다. 그

러자 선덕 여왕은 장수 알천과 필탄을 불렀습니다.

"날쌘 군사 이천 명을 이끌고 서쪽으로 가면 여근곡이 나올 것이오. 그 곳에 적의 군사가 숨어 있을 것이니 쳐부수도록 하시오."

선덕 여왕은 알천과 필탄에게 명령을 내렸습니다.

'적의 군사가 있다는 것을 어떻게 아실까?'

알천과 필탄은 무척 궁금했지만, 선덕 여왕의 명령에 따랐습니다.

알천과 필탄은 군사를 1000명씩 나누어 이끌고 곧바로 서쪽으로 달려갔습니다.

"여근곡이 어디오?"

알천과 필탄은 서쪽 지방에 사는 사람들에게 물었습니다.

"부산 아래에 있습니다."

마을 사람들이 알려 주었습니다.

알천과 필탄은 군사들을 이끌고 여근곡으로 찾

아갔습니다. 정말 그 곳에는 백제 군사가 500명이나 숨어 있었습니다.

"적을 무찔러라!"

알천과 필탄의 명령에 신라 군사들은 백제 군사들에게 덤벼들었습니다.

백제 군사들은 신라 군사들이 갑자기 덤벼드는 바람에 맞서 싸우지도 못하고 이리저리 흩어졌습니다.

한편, 백제의 장군 우소는 남산 고개 바위 뒤에 숨어 있었습니다.

신라 군사들은 남산을 둘러싸고 거리를 좁혀 들어갔습니다. 그러고는 활로 우소를 쏘아 쓰러뜨렸습니다.

하지만 백제의 군사는 그뿐이 아니었습니다. 1200명이나 뒤따라오고 있었습니다.

뒤따라오는 백제 군사들은 자기들이 오는 것을 신라에서 모르는 줄 알았습니다. 그래서 마음을 놓고 있었습니다.

반면에, 신라 군사들은 싸움에 이겼으므로 힘이 펄펄 솟았

습니다. 그 힘으로 뒤따라온 군사들도 무찔렀습니다.

신라군은 크게 이겼습니다. 알천과 필탄은 적을 무찌르고 돌아와 선덕 여왕에게 물었습니다.

"여근곡에 백제 군사가 숨어 있는 것을 어떻게 아셨습니까?"

"개구리의 성난 얼굴은 군사의 모양이오. 그리고 겨울의 빛깔은 하얗소. 흰색은 서쪽을 나타내니, 적이 서쪽에 있음을 안 거요."

알천과 필탄은 선덕 여왕의 슬기로움에 놀라지 않을 수 없었습니다.

죽는 날을 알다

선덕 여왕은 자신이 죽을 날까지 미리 알았습니다.

어느 날 선덕 여왕은 신하들을 불러 말했습니다.

"나는 어느 해 어느 달 어느 날에 죽을 것이오. 내가 죽거든 도리천에 장사를 지내시오."

신하들은 어리둥절했습니다.

"혹시 어디가 편찮으십니까?"

"아니오. 나는 아주 건강하오."

"그런데 왜 그런 말씀을 하십니까?"

"사람이란 누구나 다 죽지 않소."

"도리천은 어디에 있습니까?"

"낭산의 남쪽에 있소."

선덕 여왕은 자기가 말한 바로 그 날에 세상을 떠났습니다. 신하들은 여왕을 낭산 남쪽에 장사 지냈습니다.

10여 년이 지난 뒤, 문무왕은 선덕 여왕의 무덤 아래에 사천왕사라는 절을 세웠습니다.

불경에 도리천은 사천왕천 위에 있다고 했으니, 선덕 여왕은 이 절이 세워질 것도 미리 알았던 것입니다.

백제의 마지막 왕이 된
의자왕

의자왕은 태자와 함께 도망쳤으나 곧 당나라 군사에게 사로잡혔습니다. 나라를 잃고 당나라에 끌려간 의자왕은 그 곳에서 병이 들어 세상을 떠나고 말았습니다.

❈ 방탕한 생활에 빠지다

 백제의 마지막 왕인 의자왕은 무왕의 맏아들로 태어났습니다.

 의자왕은 어려서부터 부모에게 효도하고 형제 사이에 우애가 깊어서 궁궐에서는 물론, 온 백성들이 우러러보았습니다. 다른 나라에서도 의자왕에 대한 칭찬이 자자했습니다.

 641년, 무왕이 세상을 떠나자 의자왕은 그 뒤를 이어 왕의 자리에 올랐습니다. 의자왕은 처음 왕의 자리에 올랐을 때에는 나라를 아주 잘 다스렸습니다. 그러나 점차 나라가 안정되자 조금씩 방탕한 생활에 빠지기 시작했습니다.

의자왕은 나랏일은 돌보지 않고 날마다 술에 취해 궁녀들과 어울려 놀기만 했습니다. 그러자 나라가 혼란스러워졌습니다.

신하들은 의자왕의 방탕한 생활을 보다못해 용기를 내어 말했습니다.

"임금님께서 나랏일을 소홀히 여기시고 놀이만 즐기시면 백성들이 살기가 어려워집니다."

하지만 의자왕은 신하들의 이야기를 들으려 하지 않았습니다. 오히려 나라를 걱정하는 충성스러운 신하들을 옥에 가두거나 목을 베어 죽였습니다.

어느 날 좌평이라는 높은 벼슬에 있는 성충이 의자왕에게 말했습니다.

"머지않아 이웃 나라에서 쳐들어올 것입니다. 하루빨리 군사를 길러 전쟁에 대비해야 합니다."

하지만 의자왕은 성충의 말을 듣지 않고 그의 목을 베어 죽이고 말았습니다.

❉ 나라 안에 나타나는 불길한 징조

의자왕의 방탕한 생활은 계속되고, 나라 안에서는 불길한 징조가 곳곳에서 나타났습니다. '오회사'라는 절에는 붉은 말이 나타나 밤낮없이 절 주위를 돌다가 사라졌습니다.

궁궐에는 여우가 여러 마리 나

타났는데, 그 중 한 마리가 죽은 성충의 책상 위에 오랫동안 앉았다가 사라지기도 했습니다. 또 사비수(지금의 백마강) 기슭에는 길이가 약 10미터나 되는 커다란 물고기가 나와 죽었는데, 그 고기를 먹은 사람들도 모두 죽고 말았습니다.

 궁궐에 있는 어떤 홰나무는 마치 사람처럼 울부짖었으며, 서울의 우물물이 모두 핏빛으로 변하기도 했습니다.

어떤 곳에서는 개구리 수만 마리가 나무 위에 나타났습니다. 또 거리를 걷던 백성들이 이유 없이 놀라 달아나다가 숱하게 넘어져 죽는 일도 생겼습니다. 사슴처럼 생긴 개가 궁궐을 향해 짖어 대다가 사라지는 일도 있었습니다.

어느 날 귀신이 궁궐에 나타나 크게 외쳤습니다.

"백제는 망한다! 백제는 망한다!"

귀신은 이 말을 마치고 곧바로 땅 속으로 들어갔습니다. 의자왕은 이상하게 여겨 신하들에게 명령했습니다.

"어서 땅을 파 보아라."

신하들은 사람을 시켜 땅을 파기 시작했습니다. 1미터쯤 파 내려가자 큰 거북 한 마리가 있었습니다. 그런데 거북의 등에 글이 쓰여 있었습니다.

백제는 보름달이고, 신라는 초승달과 같다.

의자왕은 점쟁이를 불러 물어 보았습니다.

"이 글이 무슨 뜻을 담고 있는지 말해 보아라."

"보름달이란 더 이상 둥글어질 수가 없는 것으로 날이 갈수록 이지러집니다. 그러나 초승달은 반대로 날이 갈수록 점점 커져서 둥글게 된다는 뜻입니다."

"그렇다면 백제는 보름달이 기울 듯 점점 쇠퇴하고, 신라는 초승달이 점점 커져서 보름달이 되듯 흥한다는 말이냐?"

의자왕은 화가 나서 소리를 질렀습니다.

"그렇습니다."

점쟁이는 두려워하지 않고 솔직히 아뢰었습니다.

의자왕은 그 자리에서 점쟁이의 목을 베게 했습니다. 그러고는 다른 점쟁이를 불러 다시 점을 치게 했습니다.

이번에 불려 온 점쟁이는 어떻게 말해야 자기가 살아날지 잘 알고 있었습니다.

"보름달은 둥글고 크지만, 초승달은 손톱처럼 보잘것없는 것이 아닙니까?"

"그러니까 백제는 흥하고, 신라는 망할 징조라는 말이냐?"

"그렇습니다. 백제는 보름달처럼 흥할 것입니다."

"그러면 그렇지!"

의자왕은 매우 기뻐하며 그 점쟁이에게 푸짐한 상을 내려주었습니다.

나당 연합군이 쳐들어오다

그 무렵에 신라는 백제를 칠 계획을 세우고 있었습니다.

신라는 지금까지 백제와 싸워서 늘 지기만 했습니다. 그래

서 이번에는 당나라의 힘을 빌리기로 했습니다.

당나라는 신라의 부탁을 받고 소정방에게 군사를 내주어 백제를 치게 했습니다.

신라의 장군 김유신과 당나라의 장군 소정방이 이끄는 나당 연합군이 쳐들어온다는 소식을 들은 의자왕은 정신이 번쩍 들었습니다.

의자왕은 급히 신하들을 모아 놓고 회의를 열었습니다.

대신 의직이 말했습니다.

"당나라 군사는 멀리 바다를 건너와 몹시 지쳐 있고, 신라 군사는 당나라 군사만 믿고 우리 백제 군사를 얕보고 있는 형편입니다. 그러니 제 생각으로는 우리 백제 군사가 모두 몰려가 당나라 군사를 먼저 치는 것이 옳을 듯합니다. 당나라 군사가 도망가면, 신라 군사들은 감히 쳐들어오지 못할 것입니다."

의직의 말에 상영이라는 대신은 반대 의견을 내놓았습니다.

"제 생각은 그렇지 않습니다. 오히려 당나라 군사는 멀리서 왔기 때문에 싸움을 빨리 끝내기 위해 있는 힘을 다해서 싸울 것입니다. 신라 군사는 우리 백제 군사에게 여러 번 패한 일이 있으므로 우리 군사가 신라 군사를 한꺼번에 공격하면 겁을 먹고 후퇴할 것입니다. 그러니 당나라 군사가 있는 곳으로는 군사를 조금만 보내어 싸움을 질질 끌어 피로하게 만들고, 신라 군사가 있는 곳으로는 많은 군사를 보내어 기를 꺾어 놓은 다음, 기회를 엿보아 싸움에 나서면 우리 백제는 크게 승리할 것입니다."

의직과 상영의 말을 듣고 의자왕은 어쩔 줄을 몰랐습니다.

두 대신의 이야기가 다 옳다고 느껴졌기 때문입니다.

의자왕은 결정을 내리지 못하고 망설이다가 흥수에게 신하를 보내 의견을 물었습니다. 흥수는 지혜로운 대신으로, 의자왕의 비위를 거슬러 고마미지현(지금의 전라남도 장흥)에서 귀양살이를 하고 있었습니다.

흥수를 만난 신하가 물었습니다.

"나라가 이토록 위태롭게 되었으니 어쩌면 좋겠소?"

흥수가 대답했습니다.

"죽은 성충의 의견을 따르는 것이 좋을 듯하오!"

궁궐로 돌아온 신하는 의자왕에게 흥수의 뜻을 전했습니다.

"군사를 부릴 때에는 땅의 형세를 잘 이용해야 합니다. 언제든지 상류에서 적을 맞아야만 이길 수가 있습니다. 만일 적이 육지로 쳐들어오면 탄현을 지나가지 못하게 하고, 바다에서 쳐들어오면 기벌포로 들어가지 못하게 해야 합니다. 그러고는 땅이 험한 곳에서 적을 막아야 합니다."

성충은 죽기 전에 의자왕에게 이렇게 말했습니다.

대신들은 흥수와 성충의 생각에 반대했습니다.

"흥수는 지금 귀양살이를 하는 사람입니다. 그러니 임금님을 원망하고 있을 것은 뻔한 노릇이 아닙니까? 그런 자의 입에서 어찌 임금님과 나라를 위하는 말이 나오겠습니까? 오히려 당나라 군사를 기벌포로 들어오게 하는 것이 좋습니다. 다만 많은 군사가 한꺼번에 밀어닥치지 못하게 해야 합니다. 그리고 탄현 고개도 길을 터서 그 곳으로 신라 군사들이 내려오도록 하는 것이 좋습니다. 다만 여기서도 한꺼번에 많은 군사가 밀려오지 않게만 하면 됩니다. 적군이 기벌포와 탄현에 이르렀을 때 군사를 풀어 치는 것입니다. 그러면 기벌포에서 들어오는 당나라 군사나 탄현 고개를 타고 내려오는 신라 군사는 그물에 걸린 물고기 신세가 되고 말 것입니다."

그 말에 의자왕은 고개를 끄덕였습니다.

"내 생각도 그렇소. 그것이 좋겠소!"

며칠 뒤, 당나라 군사가 기벌포를 통과했고, 신라 군사도

탄현을 넘고 있다는 소식이 들어왔습니다.

의자왕은 군대를 보내 적과 싸우게 했습니다.

그러나 백제 군사는 곳곳에서 패했습니다. 신라 군사는 이미 황산벌까지 쳐들어왔습니다.

의자왕은 계백 장군에게 군사를 이끌고 황산벌로 가서 싸우라고 명령했습니다. 계백은 죽음을 각오한 용맹스러운 군사 5000명을 이끌고 황산벌로 갔습니다.

드넓은 황산벌에서 치열한 싸움이 벌어졌습니다. 계백이 이끄는 백제의 결사대는 신라와 싸워서 네 번이나 이겼습니다.

하지만 백제 군사는 상대에 비해 워낙 수가 적은데다 계속되

는 싸움에 지쳐 더 이상 힘을 쓸 수가 없었습니다. 백제 군사는 갈수록 패했으며, 계백도 마침내 목숨을 잃고 말았습니다.

※ 비참한 최후

신라 군사와 당나라 군사는 힘을 합쳐 백제 군사를 무찌르며 '진구'라는 곳에 이르렀습니다.

군사들이 잠시 쉬기 위해 강가에 진을 치는 순간, 새 한 마리가 나타나 소정방의 진영 위를 빙빙 맴돌았습니다.

소정방은 이상히 여겨 점을 쳤습니다.

"반드시 장군께서 크게 다치실 징조입니다."

점쟁이의 말에 소정방은 당나라 군사를 이끌고 돌아가려 했습니다.

그러자 김유신이 소정방을 향해 외쳤습니다.

"어째서 공중을 날아다니는 새를 보고 불길하다 하는 거요? 쓸데없는 생각 말고 하늘이 내려주시는 좋은 기회를 잃지 마

시오. 더구나 백제의 의자왕은 하늘을 두려워하지 않고 백성을 함부로 대하는 어질지 못한 임금이 아니오. 이제 우리가 그런 자를 치려 하는데, 하늘이 어째서 우리를 돕지 않겠소? 잘 보시오, 장군!"

김유신은 말을 마치기가 무섭게 차고 있던 칼을 뽑아 새를 향해 겨누었습니다. 그러자 이상한 일이 벌어졌습니다. 칼을 겨누었을 뿐인데, 새는 피를 흘리며 땅에 떨어졌습니다. 그것을 본 소정방은 마음을 고쳐먹었습니다.

소정방이 이끄는 당나라 군사는 밀물을 이용하여 배를 타고 들어와 요란하게 북을 치며 전진했습니다. 신라 군사도 곳곳에서 승리를 거두며 백제의 도성을 향해 나아갔습니다.

'정말 후회스럽구나. 성충의 말을 들었더라면 이 지경에 이르지는 않았을 텐데…….'

의자왕은 눈물을 흘렸습니다.

의자왕은 태자와 함께 도망쳤으나 곧 당나라 군사에게 사로잡혔습니다.

그 때 성 안에서는 의자왕이 거느렸던 많은 궁녀들이 성의 북쪽 모퉁이에 있는 벼랑으로 올라갔습니다.

"적의 손에 죽느니 스스로 목숨을 끊겠다."

궁녀들은 차례로 강물에 몸을 던졌습니다.

그 뒤 '많은 궁녀가 떨어져 죽은 바위'라고 하여 그 바위를 '타사암'이라 했습니다. 또 예쁜 옷을 입은 많은 궁녀들이 떨어지는 모양이 마치 꽃이 떨어지는 것과도 같았다 하여 '낙화암'이라고도 했습니다.

나라를 잃고 당나라에 끌려간 의자왕은 그 곳에서 병이 들어 세상을 떠나고 말았습니다.

만파식적을 만든
신문왕

그 피리를 불면 쳐들어오던 적의 군사들이 물러갔고,
병으로 고생하던 사람도 씻은 듯이 나았습니다.
신문왕은 그 피리를 나라의 보물로 삼고 '만파식적'이라고 불렀습니다.

❋ 작은 산이 떠내려오다

신라 제31대 신문왕은 문무왕의 아들입니다.

문무왕은 세상을 떠나기 전에 유언을 남겼습니다.

"나는 죽은 뒤에 나라를 지키는 용이 되겠다. 저승에 가서도 부처님의 가르침을 받들어 나라와 백성들을 지키겠다!"

신문왕은 아버지의 유언을 가슴 깊이 간직했습니다. 그리고 어려운 일이 있을 때마다 아버지의 말을 떠올리곤 했습니다.

문무왕이 세상을 떠난 뒤, 신문왕은 아버지를 위해서 '감은사'라는 절을 세우기로 했습니다. 감은사는 아버지의 은혜에 감사하고, 그 은혜에 보답하겠다는 뜻이 담긴 이름입니다.

감은사는 문무왕이 묻힌 곳에서 얼마 떨어지지 않은 동해 바닷가에 세워졌습니다.

신문왕이 왕위에 오른 이듬해 봄이었습니다.

바다의 일을 맡아 보는 벼슬아치인 박숙청이 급히 대궐로 들어와 신문왕에게 보고했습니다.

"바다 한가운데 있는 작은 산이 배처럼 둥둥 떠서 감은사를 향해 오고 있습니다."

박숙청의 말에 신문왕은 참으로 이상한 일이라고 생각했습니다.

'바다 한가운데 있는 산이 배처럼 둥둥 떠다니다니······.'

신문왕은 믿어지지 않아 다시 물었습니다.

"그것 참 이상한 일이로구나. 그대가 직접 보았는가?"

"제가 어찌 감히 거짓말을 하겠습니까? 저도 처음에는 잘못 보았나 하는 생각을 했었습니다. 그런데 며칠을 지켜보는 동안 틀림없다고 생각을 했습니다. 동해 가운데에 있는 산이 물결을 타고 감은사 쪽으로 오고 있는 것을 제 눈으로 똑똑히 보았습니다."

"분명 감은사 쪽으로 오고 있단 말이지?"
"예, 틀림없습니다. 다만 오다가 가끔씩 물결을 따라 왔다 갔다 하기도 합니다."

"왔다 갔다 한다고?"

"예. 어느 때는 왼쪽으로 갔다가 또 어느 때는 오른쪽으로 자리를 옮기기도 합니다."

"그래? 그것 참 이상한 일이로구나."

신문왕은 박숙청을 내보내고 나서 혼자 골똘히 생각에 잠겼습니다. 참으로 이상한 일이었습니다.

신문왕은 그 날 밤을 꼬박 뜬눈으로 새웠습니다.

❋ 문무왕이 주는 선물

다음 날 신문왕은 신하들이 모인 자리에서 박숙청에게 들었던 말을 꺼냈습니다. 그러자 한 신하가 말했습니다.

"일관 김춘질을 불러 점을 치게 하면 좋을 듯합니다."

다른 신하들도 모두 좋다고 대답했습니다.

신문왕은 당장 김춘질이라는 일관(날씨나 별의 움직임을 살펴 개인이나 나라의 일을 점치는 관리)을 불러 점을 쳐 보도록 했습니다.

김춘질은 한참 동안 점을 치더니, 이윽고 입을 열었습니다.

"아주 좋은 점괘가 나왔습니다. 돌아가신 문무왕께서 마침내 바다의 용이 되셨습니다. 용이 되신 임금님께서는 이 나라를 잘 보살피고 계십니다. 뿐만 아니라 돌아가신 김유신 장군께서도 나라를 위해 늘 마음을 쓰고 계십니다. 두 어른께서 저승에 가서서도 오로지 나라를 위해 힘을 쓰고 계시니, 이보다 더 좋은 일이 또 어디 있겠습니까?"

김춘질의 말을 들은 신문왕은 매우 기뻐했습니다.

"두 분의 지극하신 나라 사랑에 그저 고개가 숙여지는구나. 그래, 그것뿐이냐?"

"아닙니다. 또 있습니다. 지금 그분들께서는 아주 귀한 보물을 주려고 하십니다."

"보물을?"

"예. 임금님께서 바닷가로 나가시면 반드시 귀한 보물을 얻게 되실 것입니다."

신문왕은 김춘질에게 상으로 좋은 옷과 음식을 내렸습니다. 그러고는 좋은 날을 잡아 바닷가로 나갔습니다.

"바로 저 산입니다."

신하가 신문왕에게 말했습니다.

"누가 가서 자세히 살피고 오너라."

신문왕의 말에 신하가 자세히 살피고 돌아왔습니다.

"산은 마치 거북의 머리처럼 생겼습니다. 산꼭대기에는 큰 대나무가 한 그루 우뚝 솟아 있었습니다. 그런데 이상한 것은 이 산이 낮에는 둘로 갈라졌다가 밤이 되면 다시 합쳐져 하나

가 됩니다. 대나무도 마찬가지입니다. 낮에는 둘로 갈라졌다가 밤이면 하나로 합쳐집니다."

"그것 참 이상한 일이로구나. 어쨌든 조금 더 지켜보자."

신문왕은 감은사로 가서 하루를 묵었습니다.

용이 나타나다

이튿날 아침부터 거센 바람이 불면서 큰비가 내리기 시작했습니다.

비바람은 꼬박 7일 동안이나 계속되었습니다. 그 동안 세상은 온통 어둠 속에 묻히고 말았습니다.

마침내 바람이 자고 날이 개기 시작했습니다. 물결도 잔잔해졌습니다. 신문왕은 바다 한가운데에 있는 산으로 가기 위해서 신하들을 데리고 바다로 나갔습니다.

신문왕이 배를 타고 그 산으로 들어가니, 용 한 마리가 나타났습니다.

용은 옥으로 만든 긴 띠를 신문왕에게 바쳤습니다.

그 옥대는 첫눈에 보아도 아주 귀한 보물 같았습니다.

신문왕은 용을 친절히 대하며 마주 앉았습니다. 그러고는 궁금한 것을 물었습니다.

"산과 대나무가 갈라졌다 합쳐졌다 하는 것을 보았는데, 어찌 된 일인가?"

신문왕의 물음에 용은 공손히 머리를 숙이고 나서 대답했습니다.

"그렇잖아도 궁금히 여기셨을 줄 알았습니다. 이제서야 말씀드리는 것을 용서해 주십시오."

"어서 말을 해 보아라."

"예. 그것은 손뼉을 치는 것과 같습니다. 두 손바닥을 마주 치면 소리가 나듯이 대나무는 합쳐져야만 소리를 낼 수가 있습니다. 임금님께서는 부디 그 대나무가 합쳐졌을 때 베어다가 피리를 만들어 부십시오. 그러면 온 나라가 평화로워질 것입니다."

신문왕은 고개를 끄덕이다가 또 물었습니다.

"옥대는 어찌 된 것인가?"

"옥대는 돌아가신 문무왕과 김유신 장군께서 만드신 것입니다. 제가 오늘 임금님을 뵈러 온 것은 이 옥대를 전해 드리기 위해서입니다. 임금님의 아버님께서는 용이 되어 바닷속에 계십니다."

이 말을 들은 신문왕은 몹시 기뻐하며 많은 비단과 금을 용에게 주었습니다. 그리고 신하들을 시켜 대나무를 베어 오도록 했습니다.

신문왕과 신하들은 대나무를 배에 싣고 육지로 향했습니다.

"저기 보십시오. 산이 없어졌습니다."

신하의 말에 신문왕은 뒤를 돌아보았습니다.

"용도, 떠다니는 산도 모두 사라져 버렸구나."

신문왕과 신하들은 죽어서도 나라를 걱정하는 문무왕과 김유신의 마음에 깊이 감사했습니다.

신문왕은 베어 온 대나무로 피리를 만들어 잘 간직해 두었습니다.

그 피리는 용이 말한 대로 아주 신비스러운 힘을 지녔습니다. 그 피리를 불면 쳐들어오던 적의 군사들이 물러갔고, 병으로 고생하던 사람도 씻은 듯이 나았습니다.

또 가뭄이 들었을 때 불면 단비가 내렸습니다. 장마가 들어 물이 넘칠 때에도 피리를 불면 신기하게 비가 멈추었습니다. 바다에서 아무리 심한 파도가 치더라도 그 피리만 불면 곧 잔잔해졌습니다.

신문왕은 그 피리를 나라의 보물로 삼고 '만파식적'이라고 불렀습니다.

장보고를 죽게 한
신무왕

장보고는 남몰래 군사들을 모아 훈련시켰습니다.
그러고는 대궐로 쳐들어가 민애왕을 쫓아 냈습니다.
마침내 신무왕이 신라의 왕이 되었습니다.

❋ 신무왕을 도와 준 장보고

신무왕은 신라 제45대 왕입니다.

신무왕이 왕의 자리에 오르기 전의 일입니다. 신무왕은 당시의 왕인 민애왕을 미워했습니다. 민애왕이 신무왕의 아버지인 균정을 죽이고 왕의 자리를 차지했기 때문입니다.

'아버지를 죽인 원수와 같은 하늘 아래 살 수 없다. 아버지의 원수를 갚고, 내가 왕이 되어야 한다.'

신무왕은 늘 민애왕을 없앨 궁리를 했습니다.

어느 날 신무왕은 장보고(《삼국유사》에는 '궁파'라고 되어 있음)를 불렀습니다.

장보고는 힘이 세고 용기도 뛰어난 사람이었습니다.

"어서 오시오."

신무왕은 장보고를 잘 대접했습니다.

신무왕이 말했습니다.

"내가 아버지의 원수를 갚으려고 하는데, 그대가 좀 도와 주겠소?"

"무슨 일인지 자세히 말씀해 주십시오."

"지금 임금으로 있는 자를 쫓아 내는 일이오. 그자를 없애고 내가 임금이 되면, 그대의 딸을 왕비로 삼겠소."

"예, 말씀대로 하겠습니다."

장보고는 남몰래 군사들을 모아 훈련시켰습니다. 그러고는 대궐로 쳐들어가 민애왕을 쫓아 냈습니다.

마침내 신무왕이 신라의 왕이 되었습니다.

"새 임금님 만세!"

민애왕에게 시달리던 백성들은 신무왕을 기쁘게 맞았습니다.

신무왕은 장보고에게 말했습니다.

"그대의 공이 크오."

"아닙니다. 모두 임금님의 덕택입니다."

"내 약속대로 그대의 딸을 왕비로 맞아들이겠소."

하지만 신하들은 장보고의 딸을 왕비로 맞아들이는 것에 반대했습니다.

"아니 됩니다. 장보고는 왕족이 아닌 천한 출신입니다."

"신분이 천한 자의 딸을 왕비로 맞아들일 수는 없습니다."

신무왕은 어쩔 수 없이 신하들의 말에 따랐습니다.

장보고는 약속을 지키지 않은 신무왕을 마음 속으로 못마땅해했습니다.

그 때 장보고는 청해진(지금의 전라남도 완도에 설치한 진)에서 군사를 거느리고 바다를 지키고 있었습니다.

그런데 이상한 소문이 떠돌기 시작했습니다. 장보고가 신무왕을 해치려 한다는 것이었습니다.

장군 염장이 이 소문을 듣고 신무왕에게 말했습니다.

"장보고가 나쁜 마음을 먹고 있다는 소문이 들립니다."

신무왕은 염장의 말을 믿지 않았습니다.

"헛소문일 것이오. 장보고는 서해의 해적을 막아 내고, 나라를 편안하게 지켜 주는 장군이오."

그 때 다른 신하가 말했습니다.

"염장의 말이 맞습니다. 장보고는 자신의 딸을 왕비로 삼지 않은 데 대해 임금님께 원한을 품고 있습니다."

신무왕은 처음에는 신하들의 말을 듣지 않았으나 시간이 지나자 마음이 바뀌었습니다.

"그것이 사실이라면 장보고를 없애도록 하오."

억울하게 죽은 장보고

신무왕의 명령을 받은 염장은 날쌘 군사를 거느리고 청해진으로 갔습니다. 그러고는 사람을 시켜서 장보고에게 거짓말을 하도록 했습니다.

"염장이 임금에게 쫓겨서 이 곳에 온 것 같습니다."

염장이 보낸 사람의 거짓말을 믿고, 장보고는 염장을 만났습니다.

염장은 장보고에게 말했습니다.

"저는 더 이상 임금을 받들 수 없습니다. 이제부터는 장군과 뜻을 같이하겠습니다."

그러자 장보고는 화를 버럭 냈습니다.

"그대는 내 딸을 왕비로 삼는 것에 반대하지 않았소! 이제 와서 어찌 나를 찾는단 말이오?"

이 말을 듣고 염장이 말했습니다.

"그 일은 다른 신하들이 앞장서서 한 것입니다. 그러니 저를 원망하지는 마십시오."

장보고는 염장의 속셈을 알아보기 위해서 술자리를 마련했습니다.

"장군! 자세히 말해 보시오. 임금에게 쫓겨 왔다니, 무슨 일이오?"

그 순간, 염장이 칼을 뽑았습니다.

"나는 임금님의 명령으로 그대의 목을 가지러 왔소."

염장은 장보고에게 칼을 휘둘렀습니다. 눈 깜짝할 사이에 일어난 일이었습니다.

이 광경을 본 장보고의 부하들은 어쩔 줄을 모르고 허둥거렸습니다. 이 틈을 타 염장이 데리고 온 날쌘 군사들은 청해진

의 군사들을 꼼짝 못 하게 했습니다.

 장보고가 죽자, 청해진의 군사들은 모두 염장에게 무릎을 꿇었습니다. 염장은 청해진의 군사들을 이끌고 대궐로 왔습니다.

"잘했소. 큰 공을 세웠소."

 신무왕은 염장에게 많은 상을 내리고 벼슬도 높여 주었습니다.

 신무왕은 장보고와의 약속도 지키지 않았을 뿐만 아니라 목숨도 빼앗은 것입니다.

당나귀 귀를 가진
경문왕

"우리 임금님 귀는 당나귀 귀다!"
그 사람은 대나무 숲에 들어가 크게 외쳤습니다. 그런데 이상한 일이
일어났습니다. 그 뒤로 바람만 불면 대나무 숲에서는 이상한 소리가 났습니다.
"우리 임금님 귀는 당나귀 귀다!"

※ 첫째 공주와 결혼한 응렴

　신라 제48대 경문왕은 어릴 때 이름이 응렴이었습니다. 응렴은 18세에 화랑으로 뽑혀 나라 안을 두루 돌아다니며 경험을 쌓았습니다.

　응렴이 20세가 되던 해에 헌안왕은 응렴을 궁궐로 불러 잔치를 베풀어 주었습니다. 헌안왕은 응렴과 여러 가지 이야기를 나누었습니다.

　"그대는 화랑으로서 나라 안을 두루 살피는 동안 보고 들은 바가 많았을 텐데, 가장 특별한 일은 무엇인가?"

"제가 보고 느낀 것은 많지만, 그 중에서도 특히 세 사람의 아름다운 행실을 보고 느낀 바가 컸습니다."

"그 이야기를 좀 들려주게!"

"한 사람은 남의 윗자리에 있을 만큼 학식도 있고 지위도 높았지만, 언제나 겸손하여 밑에 있는 사람을 업신여기는 법이 없었습니다. 그 사람의 행실을 보고 깨달은 바가 많았습니다."

헌안왕은 응렴의 이야기에 큰 관심을 보였습니다.

"그리고 또?"

"다른 한 사람은 권력도 있고 부자인데도 늘 옷차림이 검소하고 모든 것을 절약해서 쓸 줄 알았습니다. 그 사람에게서도 배울 바가 많았습니다."

"그러면 마지막으로는 어떤 사람을 보았는가?"

"그 사람은 권력을 가지고 있으면서도 자기의 권력을 이용하여 남을 괴롭히는 일이 없었으며, 권력이 있는 체하지도 않았습니다."

헌안왕은 응렴의 이야기를 듣고 한참 동안이나 고개를 끄덕였습니다.

"그 사람들을 보고 배운 바가 많았다니 기쁜 일이로다. 그대는 장차 이 나라의 큰 재목이 될 인재로다. 그대도 알고 있겠지만 내게 두 딸이 있다. 그대가 원한다면 두 딸 중 하나를 그대에게 시집 보내겠노라."

"공주님을 저에게 시집 보내시겠다니, 저에게는 분수에 넘치는 일입니다."

응렴은 사양하고 헌안왕 앞에서 물러났습니다. 하지만 헌안왕은 응렴을 사위로 삼겠다는 고집을 꺾지 않았습니다.

응렴은 이 사실을 부모에게 알렸습니다. 응렴의 부모는 깜짝 놀라 식구들을 한 자리에 불러 의논했습니다.

"우리 집안에 이토록 기쁜 일이 일어날 줄은 꿈에도 생각하지 못했다. 임금님의 두 따님 중에 누가 응렴의 아내가 되면 좋겠는지 의견을 말해 보아라!"

응렴의 아버지는 식구들의 생각을 물었습니다.

"첫째 공주님은 인물이 곱지 않으니, 얼굴이 예쁜 둘째 공주님께 장가드는 것이 좋을 듯합니다."

"그게 좋겠습니다."

응렴의 식구들은 응렴이 둘째 공주와 혼인하는 것이 좋겠다고 의견을 모았습니다.

그 때 응렴이 이끄는 화랑의 무리 가운데 우두머리인 '범교'라는 스님이 찾아와 물었습니다.

"임금님께서 그대를 사위로 삼겠다고 하셨다는데, 그것이 정말이오?"

"그렇소."

"그대는 어떤 공주에게 장가를 들겠소?"

"집안에서는 모두들 둘째 공주를 선택하라고 합니다."

"그건 안 될 말이오. 나는 죽음을 무릅쓰고 반대하겠소. 내 말대로 첫째 공주에게 장가를 들도록 하시오. 내 말을 따르면 반드시 좋은 일이 생길 것이오."

"알겠소."

응렴은 집안의 반대를 무릅쓰고, 범교의 의견을 따르기로 했습니다.

며칠 뒤, 헌안왕은 응렴에게 사람을 보내서 물었습니다.

"두 공주 중에 누구를 택하시겠소?"

"첫째 공주님을 아내로 삼겠습니다."

응렴은 첫째 공주와 혼인했습니다.

그 뒤 석 달이 지났습니다. 헌안왕은 갑자기 병이 들어 위독해졌습니다.

헌안왕은 대신들을 불러 말했습니다.

"나는 얼마 살지 못하고 세상을 떠날 것 같소. 나에게는 아들이 없소. 그러니 맏사위가 내 뒤를 이어 왕의 자리에 오르도록 했으면 좋겠소. 그대들은 내 말을 명심하시오."

이튿날 헌안왕은 세상을 떠났습니다.

❊ 우리 임금님 귀는 당나귀 귀

응렴은 헌안왕의 뒤를 이어 왕의 자리에 올랐습니다. 그런데 응렴은 왕이 된 뒤, 귀가 갑자기 당나귀 귀처럼 길어졌습니다.

궁중에서 일하는 신하들은 물론 왕비까지도 그런 사실을 전혀 몰랐습니다. 왜냐 하면 경문왕은 늘 머리에 왕관을 쓰고 있었기 때문에 겉으로 귀가 보이지 않았던 것입니다.

그러나 꼭 한 사람만은 그 사실을 알고 있었습니다. 바로 경문왕의 왕관을 만드는 사람이었습니다.

"너는 누구에게도 내 귀에 대한 이야기를 해서는 안 된다.

만일 누구에게든 내 귀에 대한 이야기를 하면 살아남기 어려울 것이다."

경문왕의 왕관을 만드는 사람은 혼자만 그 비밀을 간직하고 평생을 지내야 했습니다. 그러나 비밀을 지니고 있는 것처럼 괴로운 일도 없었습니다. 누구에게든 비밀을 털어놓아야 속이 시원할 것 같았습니다.

그 사람은 하고 싶은 말을 하지 못해서 끝내 병이 나고 말았습니다.

그 사람은 죽을 때가 되자 도림사의 대나무 숲을 찾아갔습니다. 그 곳은 사람이 잘 다니지 않는데다 대나무 숲이 우거져 아무리 크게 외쳐도 숲 밖에서는 그 소리가 들리지 않았습니다.

"우리 임금님 귀는 당나귀 귀다!"

그 사람은 대나무 숲에 들어가 크게 외쳤습니다.

그런데 이상한 일이 일어났습니다. 그 뒤로 바람만 불면 대나무 숲에서는 이상한 소리가 났습니다.

"우리 임금님 귀는 당나귀 귀다!"

사람들은 그 소리를 이상하게 생각했습니다.

"글쎄, 임금님 귀가 당나귀 귀래요."

"정말 그럴까요?"

소문이 온 나라 안에 퍼졌습니다. 마침내 경문왕도 그 소문을 들었습니다.

경문왕은 대나무를 모두 베어 버리게 했습니다. 그러고는 대나무 숲이 우거졌던 자리에 산수유나무를 심었습니다.

그러나 산수유나무들도 역시 바람이 불면 소리를 냈습니다.

"우리 임금님 귀는 길다."

어린이 삼국유사 2

1판 1쇄 인쇄 | 2007. 3. 26.
1판 18쇄 발행 | 2025. 4. 1.

어린이 삼국유사 편찬위원회 글 | 한창수 그림
한국역사연구회 추천 및 감수

발행처 김영사 | 발행인 박강휘
등록번호 제 406-2003-036호
등록일자 1979. 5. 17.
주소 경기도 파주시 문발로 197(우10881)
전화 마케팅부 031-955-3100 편집부 031-955-3113~20
팩스 031-955-3111

ⓒ 2007 김영사
이 책의 저작권은 김영사에게 있습니다.
서면에 의한 김영사의 허락 없이 내용의 일부를 인용하거나 발췌하는 것을 금합니다.

값은 표지에 있습니다.
ISBN 978-89-349-2268-1 74900

좋은 독자가 좋은 책을 만듭니다. 김영사는 독자 여러분의 의견에 항상 귀 기울이고 있습니다.
전자우편 book@gimmyoung.com | 홈페이지 www.gimmyoung.com

| 어린이제품 안전특별법에 의한 표시사항 | 제품명 도서 제조년월일 2025년 4월 1일
제조사명 김영사 주소 10881 경기도 파주시 문발로 197 전화번호 031-955-3100 제조국명 대한민국
사용 연령 10세 이상 ⚠주의 책 모서리에 찍히거나 책장에 베이지 않게 조심하세요.